하나 바이블 | The Kingdom of God in the Bible
하나 바이블은 성경 속에서 하나님 나라를 배우는 책입니다.
왕관은 하나님의 통치, 길은 하나님 나라 백성의 삶을 의미합니다.

교회용
워크북

유치부
3과정·1학기
학생용

“하나님 나라의 전파”

하나 바이블

이름 :

대한예수교장로회총회

The Kingdom of God in the Bible

하나 바이블은 성경 속에서 하나님 나라를 배우는 책입니다.

왕관은 하나님의 통치, 길은 하나님 나라 백성의 삶을 의미합니다.

교회용
워크북

유치부
3과정·1학기
학생용

"하나님 나라의
전파"

하나 바이블

대한예수교장로회총회

1단원 명령 따라! 하나님 나라

2단원 말씀대로! 하나님 나라

3단원 땅끝까지! 하나님 나라

4단원 믿음으로! 하나님 나라

5단원 하나 되는! 하나님 나라

6단원 매일매일! 하나님 나라

절기 & 특별공과

부록

1과

예수님이 하나님 나라를 전하라고 명령하셨어요

사도행전 1장 3-11절

▶ 예수님은 제자들에게 하나님 나라를 전하라고 명령하셨어요.
'뿌뿌~ 예수님 믿으세요!' 전도 나팔을 만들고 언제 어디서나 하나님 나라를 전해요.

완성
명령 따라 하나님 나라를 전

땅끝
오직 성령이 너희에게 임하시면 너희가 권능을 받고
예루살렘과 온 유대와 사마리아와 땅끝까지 이르러
내 증인이 되리라 하시니라(사도행전 1장 8절)
사마리아
예루살렘
유대
습 자 지 붙 이 는 곳

2과

하나님 나라는 서로 나누는 교회를 통해 전파돼요 사도행전 2장 42-47절

▶ 하나님 나라를 전파하는 교회는 하나 되어 서로 나누는 공동체예요.
'모여~ 모여! 교회로!' 서로 돕고 나누는 하나 된 교회를 만들어요.

● 풀칠

어려운 사람들과
물건을 나눠 쓸래요!

▲ 풀칠

교회에 모여
열심히 기도할래요!

■ 풀칠

다른 친구들과
음식을 나눌래요!

★ 풀칠

하나님을 높이고
자랑할래요!

♥ 풀칠

칭찬받는
그리스도인이 될래요!

풀칠

완성

붙이는 곳
하나님께 기도해요.

붙이는 곳
헌금
이웃과 물건을 나눠요.

붙이는 곳
모이기를 힘써요.

붙이는 곳
음식을 나눠요.

붙이는 곳
칭찬받는 어린이가 되어요.

풀칠

3과 하나님 나라는 예수님 이름의 능력으로 전파돼요 사도행전 3장 1-10절

▶ 하나님 나라는 예수님 이름의 능력으로 전파돼요.
"예수님의 이름으로 일어나 걸으라!" 걷고 뛰고 춤추는 인형을 만들고 예수님의 이름을 찬양해요.

완성

4과

하나님 나라는 지혜와 성령의 능력으로 전파돼요 사도행전 6장 8-15절

▶ 하나님 나라는 성령의 지혜와 능력으로 전파돼요.
'복음을 전하는 나!' 용기 있게 세상으로 나아가 복음을 전하는 내 모습을 만들어 보아요.

★ 붙이는 곳

복음을 가지고 용기 있게 나아가요 성령

완성

풀칠

풀칠

지혜와 성령의 능력으로

붙이는 곳

5과

하나님 나라는 흩어짐을 통해 전파돼요 사도행전 8장 1-8절

▶ 하나님 나라는 박해에도 불구하고(어렵고 힘든 속에서도) 하나님의 말씀대로 전파돼요.
'휘휘~ 흩어져라!' 부채를 만들고 도착한 곳에서 예수님을 자랑해요.

완성

6과 하나님 나라는 만남을 통해 전파돼요

사도행전 8장 26-40절

▶ 하나님 나라는 하나님이 만나게 하심으로 전파돼요.
'안녕, 안녕! 만남의 책'을 열어 이야기를 만들어 보아요.

완성

붙이는 곳

풀칠

풀칠

붙이는 곳

7과 하나님 나라는 부르심을 받은 사람을 통해 전파돼요

사도행전 9장 1-16절(갈라디아서 1장 16절)

▶ 하나님 나라는 부활하신 예수님을 만나 부르심을 받은 사람을 통해 전파돼요.
'촤르륵~ 촤르륵! 앞뒤로 보는 책'을 만들고 배운 내용을 이야기해 보아요.

완성

붙이는 곳

풀칠

8과 하나님 나라는 우리의 생각을 넘어 전파돼요 사도행전 10장 30-35절, 44-48절

▶ 하나님 나라는 우리의 생각을 넘어 성령의 인도하심으로 전파돼요.
'내 생각 내려! 성령의 인도하심 올려!' 내 생각 깃발은 내리고 성령의 깃발은 올려 보아요.

빨대 붙이는 곳

빨대 붙이는 곳

9과

교회가 교회를 도움으로 하나님 나라를 전해요 사도행전 11장 19-26절

▶ 하나님은 교회가 또 다른 교회를 돕도록 하세요.
으쌰으쌰! 나도 도울 수 있어요!
나는 무엇으로 다른 교회를 도울지 생각해 보아요.

완성

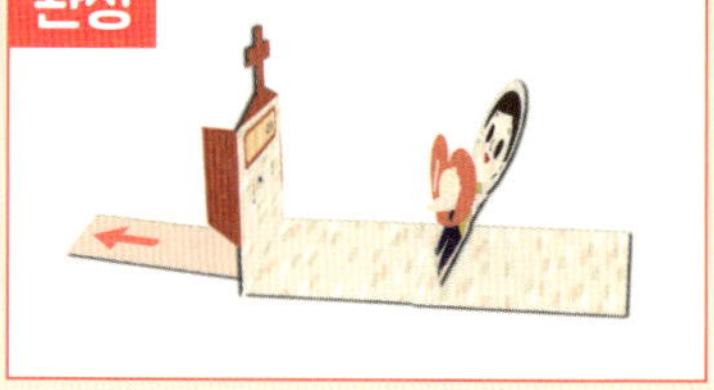

스티커 붙이는 곳

●붙이는 곳

★붙이는 곳

10과

복음이 필요한 곳에 하나님 나라를 전해요 사도행전 16장 6-10절

▶ 하나님은 복음이 필요한 곳으로 우리를 인도하세요.
'찾아라, 복음이 필요한 곳!' 복음의 망원경을 쓰고 내 주변에 복음이 필요한 곳을 찾아보아요.

완성

하나님께서 우리를 통해

복음 전하길 원하시는 곳은

어디일까요?

왜 그렇게 생각하나요?

붙이는 곳

나는 에게

복음을 전해요.

붙이는 곳

풀칠

풀칠

11과 어려움 속에서도 하나님 나라를 전해요 사도행전 16장 25-34절

▶ 하나님은 어려움 속에서도 복음을 전파하게 하세요.
'랄라~ 찬양해요! 아멘~ 기도해요!' 어려울 때 나도 찬양하고 기도할 것을 다짐해요.

완성

나도 기도하고 찬양해요!

풀칠

어려울 때
찬양해요!

어려울 때
기도해요!

풀칠

12과

땅끝까지 하나님 나라를 전해요 사도행전 28장 23-31절

▶ 하나님 나라는 예수 증인을 통해 땅끝까지 전파돼요.
'나는 예수님의 증인!' 땅끝까지 복음을 전하는 나의 모습을 만들어요.

붙이는 곳

완성

13과

복음은 구원을 주시는 하나님의 능력이에요

로마서 1장 8-17절

▶ 복음은 믿는 자에게 구원을 주시는 하나님의 능력이에요.
'하나님의 능력, 복음 카드'를 만들면서 복음을 부끄러워하지 않고 자랑하기로 다짐해요.

풀칠

하나님의 능력

나만의 표시

구원을 주시는

까슬이

완성

붙이는 곳

보슬이

14과

복음을 믿으면 예수님과 하나가 되어요 로마서 6장 1-11절

▶ 복음을 믿는 자는 예수님과 함께 죄에 대하여 죽고 하나님께 대하여 산 자예요.
죄에 대하여 죽은 내가 예수님과 하나 되어 산 자가 된 것을 움직이는 생명의 십자가로 확인해요.

완성

15과

복음을 믿으면 성령님을 따라 살 수 있어요

로마서 8장 1-11절

▶ 복음을 믿는 자는 성령님을 따라 살게 돼요.
'영의 생각, 오케이? OK!' 복음 안경을 끼고 성령님을 따라 육의 생각을 버리고 영의 생각으로 살아가요.

완성

16과

복음을 믿으면 하나님의 뜻대로 살 수 있어요

로마서 12장 1-2절, 14-21절

▶ 복음을 믿는 자는 하나님의 선하시고 기뻐하시고 온전하신 뜻대로 살아가요.
'하나님 뜻대로 살아가는 내 모습'을 만들고 하나님의 뜻대로 살아가기로 해요.

완성

17과 우리는 서로 하나 된 교회예요 고린도전서 3장 1-9절

▶ 우리(교회)는 하나님 나라를 위해 동역하는 하나 된 공동체예요.
'다른 우리가 하나! 예수님을 전하는 교회!' 모두 다르지만 하나 되어 예수님을 전하는 교회가 되어요.

우리는 서로 하나 된 교회!

완성

18과 우리는 사랑으로 섬기는 교회예요

고린도전서 13장 1-7절

▶ 우리(교회)는 사랑으로 섬기는 하나 된 공동체예요.
'솔솔~ 사랑의 향기 가득 우리 교회'를 만들고 서로 사랑으로 섬겨요.

완성

19과 우리는 예수님을 자랑하는 교회예요 고린도후서 4장 7-18절

▶ 우리(교회)는 연약하나 하나님의 능력을 나타내는 공동체예요.
'내 안에 있는 능력의 보배!' 작고 약한 내 안에 아주 큰 능력이 있음을 알고 힘 있게 살아요.

완성

20과 성령의 열매를 맺으며 살아요 갈라디아서 5장 16-26절

▶ 그리스도인은 성령의 열매를 맺으며 살아요.
'탱글탱글~ 성령 열매' 성령의 아홉 가지 열매가 무엇인지 알아보고, 매일매일 성령의 열매를 맺어요.

자비

온유

양선

충성

절제

완성

21과 하나님의 전신 갑주를 입고 승리하며 살아요 에베소서 6장 10-18절

▶ 그리스도인은 하나님의 전신 갑주를 입고 승리하며 살아요.
이얍, 이얍! 매일매일 하나님의 전신 갑주를 입고 말씀과 기도로 승리해요!

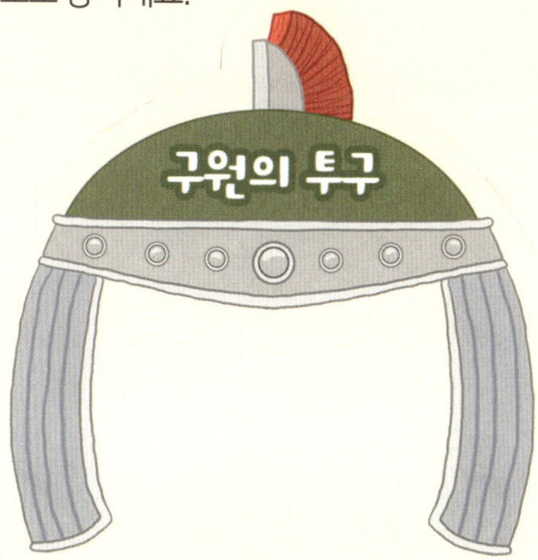

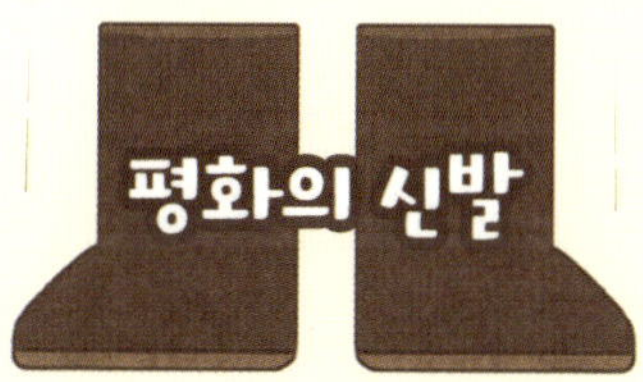

완성

22과 항상 기도하고 기뻐하며 살아요

빌립보서 4장 4-7절

▶ 그리스도인은 항상 모든 일에 기도하고 기쁨으로 살아요.
기쁨과 감사가 퐁퐁! 하나님께 감사로 기도하고, 매일매일 기뻐하며 살아요.

완성

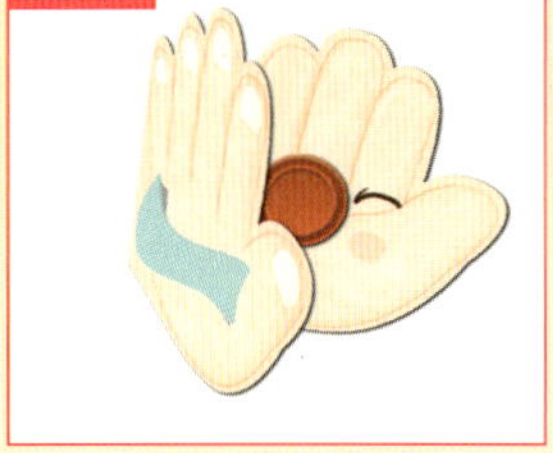

예수님은 하나님의 뜻대로 순종하셨어요 마태복음 26장 36-46절

▶ 예수님은 하나님의 뜻대로 순종하셨어요.
'순종의 기도 컵'을 만들고 하나님의 뜻에 순종하기 위해 예수님처럼 기도해요.

완성

붙이는 곳

부활
주일

예수님이 부활하셨어요 고린도전서 15장 4-8절, 14-19절

▶ 예수님은 정말로 다시 살아나셨어요!
예수님이 실제로 다시 살아나신 것을 확인하고 사람들에게 자신 있게 전해요.

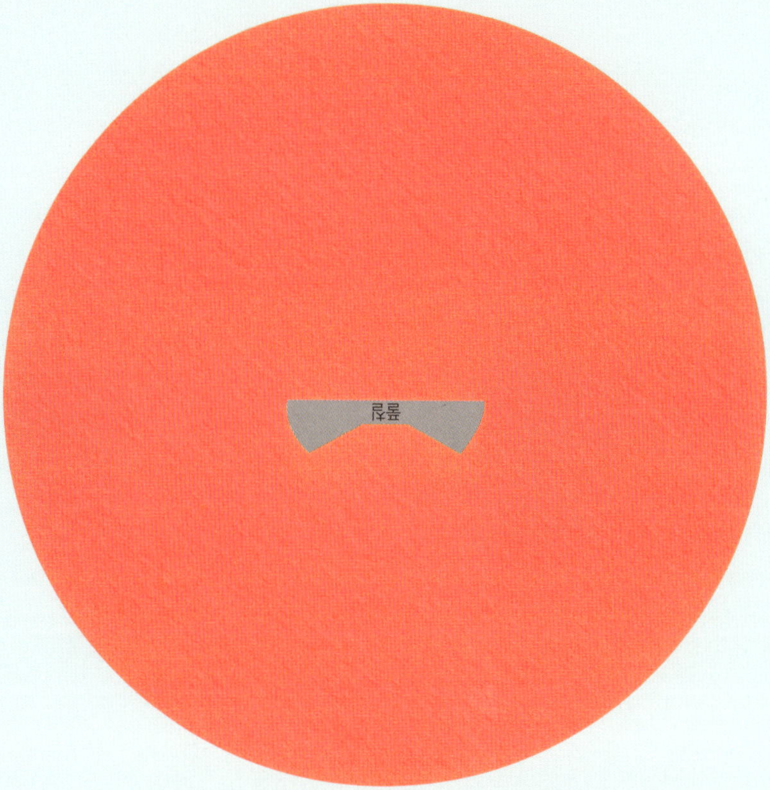

완성

풀칠

풀칠

붙이는 곳

풀칠

풀칠

부활의 증거 ①

부활의 증거 ②

부활의 증거③

부활의 증거④

붙이는 곳

예수님이 정말로 다시 살아나셨어요.

붙이는 곳

어린이 주일

예수님처럼 자라가요 누가복음 2장 40절, 52절

▶ 예수님은 자라가며 하나님과 사람에게 사랑스러워 가셨어요.
'쑥쑥! 자람이 책'을 만들고 예수님처럼 자라가는 나를 기대해 보아요.

하나님과 사람에게

더욱 사랑스러워 가시더라

완성

어버이 주일

주님 안에서 부모님께 순종해요

에베소서 6장 1-4절

▶ 주님 안에서 부모님께 순종하는 것이 옳은 일이에요.
부모님 말씀에 "네네!" 빠르고 기쁘게 대답하며 순종하는 내 모습을 만들고 순종하기를 실천해 보아요.

자녀들아!
주 안에서 너희 부모에게 **순종**하라
이것이 옳으니라 (에베소서 6:1)

완성
자녀들아!
주 안에서 너희 부모에게 순종하라
이것이 옳으니라 (에베소서 6:1)

출석판

교회에 왔어요!

이름 ______________________

제 호

칭찬상

이름 ______________________

위 어린이는 주일에 교회에 와서

기에

이 상장을 주어 칭찬합니다.

20 년 월 일

교회 부

HAPPY BIRTHDAY

To.

1

5

2

6

★ 선택해서 붙이세요.

7

8

11

9

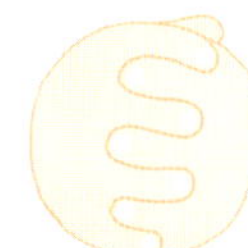

14

13

12

하나님의 뜻을 이루며 살아가요!

마음과 정성을 다해 하나님을 예배해요!

성령님! 나의 마음을 새롭게 해주세요!

16

18

성령님

죄

종려 주일

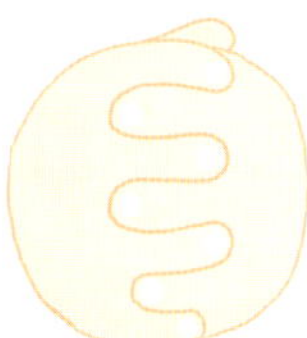

19

부활 주일

어린이
주일

출석
스티커

암송
스티커

암송 왕

암송 왕

암송 왕

암송 왕

암송 왕

암송 왕

칭찬
스티커

하나 바이블 | The Kingdom of God in the Bible
하나 바이블은 성경 속에서 **하나님 나라**를 배우는 책입니다.
왕관은 하나님의 통치, 길은 하나님 나라 백성의 삶을 의미합니다.

가정용
홈워크북

유치부
3과정·1학기
학생용

"하나님 나라의 전파"

하나 바이블

이름 :

대한예수교장로회총회

유치부 3과정·1학기 학생용

기획 | 총회교육개발원

총회교육개발원 원장 | 노영주

교육과정 | 김광열 김희석 김희자 신국원 유은희 이관직 조호형

공과집필 | 남기숙 강희선 김미영 박민영 소홍희 오현미
윤이나 이예림 이윤지 최 란 최정문 한용자

감수 | (교수) 강대훈 김광열 김대혁 김요섭 김희석 김희자 박윤만 유은희
(목회자) 송태근 강진상 권순웅 김한성 배만석

교정 | 송지수 **그림** | 최은민

표지·내지 디자인 | 지온커뮤니케이션

App 개발 | cubelean(한셈)

하나바이블

초판발행 | 2022년 11월 25일 **초판2쇄** | 2023년 11월 30일

편집 | 대한예수교장로회총회 교육개발원

제작 | 대한예수교장로회총회 출판부

출판국장 | 김귀분 **출판팀장** | 조미예 **마케팅팀장** | 김경환

발행 | 대한예수교장로회총회

주소 | 06177 서울시 강남구 영동대로 330

전화 | 02-559-5649(교육개발원) 559-5655-7(출판부)

팩스 | 02-559-8490(교육개발원) 6940-9384(출판부)

홈페이지 | www.총회교육.com www.holyonebook.com

제조국 | 대한민국

9 791192 120638 04230

ISBN 979-11-92120-63-8(04230)
979-11-92120-60-7(04230) 세트

값 9,000원

하나 바이블

The Kingdom of God in the Bible

하나 바이블은 성경 속에서 **하나님 나라**를 배우는 책입니다.

왕관은 하나님의 통치, 길은 하나님 나라 백성의 삶을 의미합니다.

가정용
홈워크북

유치부
3과정·1학기
학생용

“하나님 나라의 전파”

하나 바이블

대한예수교장로회총회

1단원 명령 따라! 하나님 나라

2단원 말씀대로! 하나님 나라

3단원 땅끝까지! 하나님 나라

4단원 믿음으로! 하나님 나라

5단원 하나 되는! 하나님 나라

6단원 매일매일! 하나님 나라

절기 & 특별공과

부록

홈워크북은 이렇게 활용해 주세요!

교회에서

1. 주중에 활동할 수 있도록 유아에게 그 주에 해당하는 과의 홈워크북을 설명하고 가정으로 보내 주세요.
   (예: 교회에서 1과 워크북 활동 후 1과 홈워크북 활동을 설명하고 보냅니다.)
2. 확인 스티커, 실천 스티커는 한 번에 모두 가정으로 보내 주세요.
3. 가정에서 홈워크북 활동 후 다시 교회로 가져오면
   교회 확인란에 미리 준비한 스티커를 붙여 주세요.
4. 한 학기 동안 보관한 후 묶어서 성경 스토리북으로 만들어 주세요.
   (유아 개별 화일이나 봉투를 준비하여 보관해 주세요.)

▲ 성경 스토리북 앞표지

▲ 성경 스토리북 뒤표지

가정에서

1. 주중에 홈워크북 활동 요일과 시간을 정해서 활동할 수 있도록 지도해 주세요.
2. 활동 후에 가정 확인란에 확인 스티커를 붙여 주세요.
3. 실천 스티커를 붙이는 과에는 실천 스티커를 활용해 주세요.
4. 홈워크북 활동 후 다음 주에 꼭 교회로 보내 주세요.
5. 매달 첫 주에 보내는 가정안내문을 통해
   가정연계 신앙교육이 되도록 해주세요.
6. 하나 바이블 '유치부 앱'을 통해 성경내용을 복습해 주세요.

부록은 이렇게 활용해 주세요!

가정안내문 단원별 가정안내문은 각 단원의 첫 과(1·5·9·13·17·20과)의 홈워크북 활동지를 보낼 때 같이 가정으로 보내 주세요(앞면: 단원 설명, 뒷면: 단원 암송구절, 홈워크북 정답, 단원 영상 및 찬양).

스티커 실천 스티커는 홈워크북 활동 중 해당되는 과에서 사용해 주세요.
확인 스티커는 홈워크북 활동 후 매 과마다 사용해 주세요(가정 확인란).

그림으로 보는

하나님 나라 파노라마

1

예수님이 하나님 나라를 전하라고 명령하셨어요

2

하나님 나라는 서로 나누는 교회를 통해 전파돼요

3

하나님 나라는 예수님 이름의 능력으로 전파돼요

4

하나님 나라는 지혜와 성령의 능력으로 전파돼요

5

하나님 나라는 흩어짐을 통해 전파돼요

6

하나님 나라는 만남을 통해 전파돼요

7

하나님 나라는 부르심을 받은 사람을 통해 전파돼요

8

하나님 나라는 우리의 생각을 넘어 전파돼요

9

교회가 교회를 도움으로 하나님 나라를 전해요

10

복음이 필요한 곳에 하나님 나라를 전해요

11

어려움 속에서도 하나님 나라를 전해요

12

땅끝까지 하나님 나라를 전해요

13

복음은 구원을 주시는 하나님의 능력이에요

14

복음을 믿으면 예수님과 하나가 되어요

15

복음을 믿으면 성령님을 따라 살 수 있어요

16

복음을 믿으면 하나님의 뜻대로 살 수 있어요

17

우리는 서로 하나 된 교회예요

18

우리는 사랑으로 섬기는 교회예요

19

우리는 예수님을 자랑하는 교회예요

20

성령의 열매를 맺으며 살아요

21

하나님의 전신갑주를 입고 승리하며 살아요

22

항상 기도하고 기뻐하며 살아요

퍼즐 스티커를 붙여 그림을 완성하세요.

증	인

1과

예수님이 하나님 나라를 전하라고 명령하셨어요 | 사도행전 1장 3-11절

예수님이 하늘로 올라가시기 전에 제자들에게 **말씀하셨어요.**
"예루살렘과 온 유대와 사마리아와 땅끝까지 이르러 내 증인이 되어라!"
예수님은 성령님의 능력을 받아 **하나님 나라를 전하라**고 **명령하셨어요.**

1과 예수님의 명령 따라 하나님 나라를 전해요.

○○(아)야, 예수님은 제자들에게 땅끝까지 하나님 나라를 전하라고 말씀하셨어. 예수님의 명령을 따라 우리도 하나님 나라를 전해야 한단다. 누구에게 전할지 함께 생각해 보고, 예수님을 전한 후 실천 스티커를 붙여 보자.

♥ **누구에게 예수님을 전할까요?**

♥ **어떤 말로 예수님을 전할까요?**

꼭꼭이 가정활동

말씀을 읽고 따라서 기도해요! 활동일 월 일

사도행전 1장 8절

오직 성령이 너희에게 임하시면 너희가 권능을 받고 예루살렘과 온 유대와 사마리아와 땅 끝까지 이르러 내 증인이 되리라 하시니라

하나님, 예수님의 명령을 따라 하나님 나라를 잘 전하도록 도와주세요.
예수님의 이름으로 기도합니다. 아멘.

<1단원 암송> <1단원 찬양>

2과

하나님 나라는 서로 나누는 교회를 통해 전파돼요 | 사도행전 2장 42-47절

"아멘, 아멘." 예수님을 믿는 예루살렘 사람들이 매일 교회에 **모여서 예배했어요.**
냠냠 음식을 함께 **나누어 먹고**, 필요한 것도 서로 **나누었어요.**
그러자 구원받는 사람들이 더욱 많아졌어요. **하나님 나라**는 **서로 나누는 교회**를 통해 전파돼요.

2과 **교회가 정말 좋아요! 내가 먼저 교회에 도착해 보아요.**

○○(아)야, 초대교회 사람들은 날마다 함께 모여 하나님을 예배하고 기쁘게 서로 도왔단다. 자, 지금부터 교회에 먼저 도착하기 게임을 하면서 교회에서 서로 나누는 사랑의 모습을 살펴보자.

준비물

플라스틱 숟가락 (또는 막대) 3개, 종이컵, 2개의 말 (다른 색의 작은 종이 또는 대용물)

방 법

순서를 정한 뒤 1~3까지 적힌 숟가락 중 하나를 뽑아 나온 숫자만큼 길을 따라가서 교회에 먼저 도착하는 게임

꼭꼭이 가정활동

말씀을 읽고 따라서 기도해요! 활동일 ______ 월 ______ 일

사도행전 2장 47절

하나님을 찬미하며 또 온 백성에게 칭송을 받으니 주께서 구원받는 사람을 날마다 더하게 하시니라

하나님, 초대교회 사람들처럼 교회에 모이기를 기뻐하고 사랑을 나누며 살아가게 해주세요. 예수님의 이름으로 기도합니다. 아멘.

<1단원 암송>

<1단원 찬양>

3과

하나님 나라는 예수님 이름의 능력으로 전파돼요 | 사도행전 3장 1-10절

"은과 금은 없지만 내게 있는 것을 줄게요. 예수님의 이름으로 일어나 걸으세요!"
베드로는 태어나면서부터 걷지 못한 사람을 예수님의 이름으로 고쳐 주었어요.
이 사람은 걷고 뛰기도 하며 하나님을 찬양했어요. **하나님 나라**는 예수님 이름의 능력으로 전파돼요.

3과 예수님의 이름을 힘입어 이웃 사랑을 실천해요.

○○(아)야, 나면서부터 걷지 못했던 사람이 예수님 이름의 능력으로 고침 받은 것처럼 예수님의 이름에는 능력이 있단다. 예수님 이름의 능력을 믿고 이웃을 섬기고 사랑을 실천한 뒤 하트에 색을 칠해 보자.

꼭꼭이 가정활동

말씀을 읽고 따라서 기도해요! 활동일 ____ 월 ____ 일

사도행전 3장 6절

베드로가 이르되 은과 금은 내게 없거니와 내게 있는 이것을 네게 주노니 나사렛 예수 그리스도의 이름으로 일어나 걸으라 하고

하나님, 예수님 이름의 능력으로 이웃을 사랑하며 살아가도록 도와주세요.
예수님의 이름으로 기도합니다. 아멘.

가정

<1단원 암송>

교회

<1단원 찬양>

스티커를 붙여 그림을 완성하세요.

4과

하나님 나라는 지혜와 성령의 능력으로 전파돼요 | 사도행전 6장 8-15절

은혜와 권능이 충만한 스데반은 백성들 가운데서 놀라운 **기적**을 행하였어요.
공회에 잡혀 왔을 때도 하나님이 주신 **지혜와 성령의 능력으로 용기** 있게 예수님을 전했어요.
하나님 나라는 **지혜와 성령의 능력으로** 전파돼요.

4과 하나님 나라를 용기 있게 전하려면 무엇을 구해야 할지 알맞은 말을 찾아 써보아요.

○○(아)야, 아래 두 그림에 모두 나오는 사람의 이름을 아니? 미워하는 사람들 앞에서도 당당하게 하나님 나라를 말하고, 죽기까지 용기 있게 복음을 전한 스데반이란다. 스데반처럼 예수님을 용기 있게 전하는 ○○(이)가 되게 해달라고 하나님께 구하자.

하나님 나라는

ㅈ	ㅎ	와	ㅅ	ㄹ	의 **능력**으로 전파돼요!

♥ **빈칸에 들어갈 알맞은 말을 보기에서 찾아 써보아요.**

| 보기 | 지혜 지하 장화 주황 진흙 사랑 사람 샬롬 성령 소리

꼭꼭이 가정활동 말씀을 읽고 따라서 기도해요! 활동일 ____ 월 ____ 일

사도행전 6장 10절

스데반이 지혜와 성령으로 말함을 그들이 능히 당하지 못하여

하나님, 지혜와 성령의 능력으로 용기 있게 하나님 나라를 전하며 살아가게 해주세요. 예수님의 이름으로 기도합니다. 아멘.

가정 <1단원 암송>

교회 <1단원 찬양>

지도를 보고 하나 바이블에서 배운 기억나는 장소를 모두 찾아 ○하세요.

5과

하나님 나라는 흩어짐을 통해 전파돼요 | 사도행전 8장 1-8절

예루살렘교회 사람들은 **큰 박해를 피해** 유대와 사마리아 지방으로 **흩어졌어요.**
"예수님 믿으세요!" **흩어진** 사람들은 어디서나 예수님을 **전했어요.**
하나님 나라는 **어렵고 힘든 가운데서도 전파돼요.**

5과 **하나님이 나를 보내신 지금 이곳에서 예수님을 자랑해요.**

○○(아)야, 예루살렘교회가 박해를 받아 성도들은 여기저기로 흩어졌지만, 그들은 흩어진 그곳에서 하나님 나라를 열심히 전했단다. 이것은 그리스도인이 흩어져서 하나님 나라가 널리 전파되도록 하신 하나님의 뜻이었지. 지금 내가 있는 곳에서 예수님을 자랑하는 멋진 ○○(이)가 되도록 하자.

♥ **지금 내가 있는 곳은 어디인지 쓰고, 누구에게 예수님을 자랑할지 생각해 보아요.**

지금 있는 곳에서 예수님을 자랑해요.

꼭꼭이 가정활동

말씀을 읽고 따라서 기도해요!　　활동일 ______ 월 ______ 일

사도행전 8장 5절
빌립이 사마리아 성에 내려가 그리스도를 백성에게 전파하니

하나님, 흩어진 그리스도인들을 통해 더 많은 사람에게 하나님 나라가 전파된 것을 배웠어요. 저도 지금 있는 이곳에서 예수님을 자랑하겠어요. 예수님의 이름으로 기도합니다. 아멘.

<2단원 암송>　<2단원 찬양>

스티커를 붙여 그림을 완성하세요.

전 파

6과

하나님 나라는 만남을 통해 전파돼요 | 사도행전 8장 26-40절

"일어나 광야로 가거라." 성령님은 빌립을 광야로 보내 에디오피아 내시를 **만나게 하셨어요.**
"이사야의 말씀에 나오는 **어린 양**은 누구를 가리키나요?" "바로 우리를 구원하신 **예수님**이세요!"
에디오피아 내시는 **복음**을 듣고 **세례**를 받았어요. **하나님 나라**는 **만남을 통해** 전파돼요.

6과 하나님께서 만나게 하실 사람들에게 예수님을 잘 전하기 위한 준비를 해요.

○○(아)야, 빌립은 하나님이 만나게 하신 에디오피아 내시에게 복음을 전했단다. 일주일 동안 하나님이 만나게 하신 사람들 중 복음을 전할 사람의 얼굴을 그리고 이름을 적어 보자. 그리고 복음을 더 잘 전하려면 무엇을 준비해야 하는지 하트에 색칠해 보자.

어린이집(유치원)

_______________ (을)를

만나서 전해요.

우리 집

_______________ (을)를

만나서 전해요.

이웃(친구)

_______________ (을)를

만나서 전해요.

♥ **복음을 잘 전하려면 무엇을 더 준비하면 좋을까요? 하트에 색칠해 보아요.**

꼭꼭이 가정활동

말씀을 읽고 따라서 기도해요! 활동일 ______ 월 ______ 일

사도행전 8장 29절

성령이 빌립더러 이르시되 이 수레로 가까이 나아가라 하시거늘

하나님, 예수님을 알고 싶어하는 사람을 만나게 해주시고, 복음을 잘 전할 수 있도록 준비하게 해주세요. 예수님의 이름으로 기도합니다. 아멘.

<2단원 암송> <2단원 찬양>

퍼즐 스티커를 붙여 그림을 완성하세요.

7과 하나님 나라는 부르심을 받은 사람을 통해 전파돼요 | 사도행전 9장 1-16절

"사울아, 왜 나를 괴롭히느냐?" 부활하신 예수님이 사울을 만나 주셨어요.
"이 사람은 나를 널리 전파할 사람이다." 예수님은 사울을 **전도자**로 부르셨어요.
예수님은 나도 **전도자**로 부르셔서 하나님 나라를 **전하게 하세요.**

1과 배운 이야기를 잘 기억해서 미로를 통과하고 사울의 이야기를 완성해 보아요.

○○(아)야, 아래 그림은 하나님이 이방인에게 하나님 나라를 전하라고 택하신 사울의 이야기야. 배운 내용을 기억하면서 미로를 통과하면 사울의 이야기가 완성된단다. 부활하신 예수님을 만난 사울이 어떻게 변화되었는지 살펴보고, 예수님을 만난 ○○(이)도 하나님 나라를 전하기로 하자.

꼭꼭이 가정활동

말씀을 읽고 따라서 기도해요!

활동일 ______ 월 ______ 일

사도행전 9장 15절 하반절

이 사람은 내 이름을 이방인과 임금들과 이스라엘 자손들에게 전하기 위하여 택한 나의 그릇이라

하나님, 예수님을 만난 사울처럼 하나님 나라를 전파하는 일에 나를 사용해 주세요. 예수님의 이름으로 기도합니다. 아멘.

가정 <2단원 암송>

교회 <2단원 찬양>

8과

하나님 나라는 우리의 생각을 넘어 전파돼요 | 사도행전 10장 30-35절, 44-48절

"저희에게 복음을 전해 주세요!" 로마의 군대 장관 고넬료가 베드로를 초청했어요.
"네! 하나님은 **어느 민족이든 받아주신다**는 것을 알았어요."
베드로는 **이방인** 고넬료 가족에게 **복음을 전했어요.** **하나님 나라**는 **우리의 생각을 넘어** 전파돼요.

8과 **전도에 대한 여러 생각 중 성령님이 인도하시는 생각을 찾아 파란색으로 칠해요.**

○○(아)야, 하나님은 베드로의 생각과 달리 이방인 고넬료에게 그를 보내셔서 예수님을 전하게 하셨단다. 성령님이 인도하시는 생각을 찾아 파란색으로 칠하고, ○○(이)는 예수님을 전할 때 어떤 생각을 했는지 찾아 V표를 하자.

♥ **나의 생각은 성령님의 인도하심을 따르는 생각인가요?**

꼭꼭이 가정활동 말씀을 읽고 따라서 기도해요! **활동일** ______ 월 ______ 일

사도행전 10장 47절

이에 베드로가 이르되 이 사람들이 우리와 같이 성령을 받았으니 누가 능히 물로 세례 베풂을 금하리요 하고

하나님, 내 생각이 아닌 성령님의 인도하심을 따라 예수님을 자랑하며 살아가도록 도와주세요. 예수님의 이름으로 기도합니다. 아멘.

<2단원 암송>

<2단원 찬양>

▶ 도형 스티커를 붙여 그림을 완성하세요.

▶ 문장에서 '교회' 글자를 찾아 ○하세요.

9과

교회가 교회를 도움으로 하나님 나라를 전해요 | 사도행전 11장 19-26절

예루살렘교회는 안디옥교회를 위해 바나바와 바울을 보내 복음을 전했어요.
"아멘! 아멘!" 안디옥교회 사람들이 예수님을 믿고 '그리스도인'이라 불리게 되었어요.
교회가 교회를 도움으로 **하나님 나라**를 전해요.

9과 가위바위보 놀이를 하면서 교회가 다른 교회를 어떻게 도울지 알아가요.

○○(아)야, 예루살렘교회가 바나바를 보내 안디옥교회를 도운 것처럼 하나님은 교회가 다른 교회를 도울 때 기뻐하신단다. 가위바위보를 하여 이긴 사람이 다른 교회를 어떻게 도울 수 있는 ♡ 안의 글자를 읽어 살펴보고 ♡를 색칠해 보자.

꼭꼭이 가정활동 밀씀을 읽고 따라서 기도해요!　활동일 ____ 월 ____ 일

사도행전 11장 26절

만나매 안디옥에 데리고 와서 둘이 교회에 일 년간 모여 있어 큰 무리를 가르쳤고 제자들이 안디옥에서 비로소 그리스도인이라 일컬음을 받게 되었더라

하나님, 교회가 다른 교회를 돕는 것을 하나님이 기뻐하신다고 배웠어요. 다른 교회를 위해서 기도하고 도우며 살게 해주세요. 예수님 이름으로 기도합니다. 아멘.

<3단원 암송>　<3단원 찬양>

퍼즐 스티커를 붙여 그림을 완성하세요.

10과

복음이 필요한 곳에 하나님 나라를 전해요 | 사도행전 16장 6-10절

"마게도냐로 건너와서 우리를 도와주세요!" 바울은 캄캄한 밤에 환상을 보았어요.
바울은 다른 곳으로 가서 복음을 전하려고 하였지만, **성령님은** 바울을 마게도냐로 **보내셨어요.**
하나님은 **복음이 필요한 곳**으로 **우리를 인도하세요.**

10과 내 계획보다 하나님이 이끄시는 곳으로! 복음이 필요한 곳에 가서 전해요.

○○(아)야, 바울은 자신이 생각했던 곳이 아니라 하나님이 말씀하신 곳으로 가서 복음을 전했단다. 때로 하나님은 우리와는 다른 계획을 가지고 계시기도 하지. 복음이 필요한 곳이 어디인지 '성령님' 하트를 따라가며 색연필로 이어보자.

꼭꼭이 가정활동

말씀을 읽고 따라서 기도해요!

활동일 ______ 월 ______ 일

사도행전 16장 10절

바울이 그 환상을 보았을 때 우리가 곧 마게도냐로 떠나기를 힘쓰니 이는 하나님이 저 사람들에게 복음을 전하라고 우리를 부르신 줄로 인정함이러라

하나님, 내 계획보다 성령님의 인도하심을 따라 복음이 필요한 곳에 예수님을 전하게 해주세요. 예수님의 이름으로 기도합니다. 아멘.

<3단원 암송>

<3단원 찬양>

숨은 그림을 찾아 ○하세요.

▶ 그림 속에 있는 사람은 모두 몇 명인가요?

☐ 명

▶ 어려움 중에도 찬양하는 두 사람의 이름을 말해 보아요.

11과

어려움 속에서도 하나님 나라를 전해요 | 사도행전 16장 25-34절

철커덩! 바울과 실라는 **감옥에 갇혔지만** 하나님을 **찬양하고 기도했어요.**
갑자기 흔들흔들 지진이 일어났어요. 문이 열리고 묶인 것이 풀어졌어요. "예수님 믿으세요!"
바울과 실라는 간수와 가족에게 하나님 나라를 전했어요. 우리도 **어려움 속**에서도 **하나님 나라**를 전해요.

11과 바울과 실라에게 놀라운 일이 생겼어요. 다른 곳 7군데를 찾아보아요.

○○(아)야, 바울과 실라는 감옥에 갇혀서도 찬양과 기도를 드렸단다. 그러자 놀라운 일이 일어났지. 어떤 일이 일어났을까? 어떻게 달라졌을까? 두 그림에서 다른 곳 7군데를 찾아서 오른쪽 그림에 ○하고, 어려운 일이 있을 때 어떻게 해야 하는지 모양 글자를 찾아 적어 보자.

♥ 찬	★ 해	♣ 기
▲ 누	◆ 도	● 양

어려울 때에도 하나님께 ♥[ ] ●[ ] 과 ♣[ ] ◆[ ] 를 드려요.

꼭꼭이 가정활동

말씀을 읽고 따라서 기도해요! 활동일 [   ] 월 [   ] 일

사도행전 16장 25절
한밤중에 바울과 실라가 기도하고 하나님을 찬송하매 죄수들이 듣더라

하나님, 어려움이 있을 때 하나님께 찬양하며 기도할래요. 저를 통해서 하나님 나라가 잘 전해지도록 도와주세요. 예수님의 이름으로 기도합니다. 아멘.

가정

교회

<3단원 암송> <3단원 찬양>

12과

땅끝까지 하나님 나라를 전해요 | 사도행전 28장 23-31절

"예수님 믿으세요." 바울은 죄수의 신분이지만 로마에서도 예수님을 **전했어요.**
아침부터 저녁까지 집으로 찾아오는 **모든 사람에게** 담대하게 하나님 나라를 **전했어요.**
우리도 하나님 나라의 증인이 되어 **언제 어디서나 하나님 나라**를 **전해요.**

12과 **땅끝까지 하나님 나라를 전하기에 힘써요.**

○○(아)야, 예수님을 믿는 우리는 하나님 나라를 전파하는 증인이란다. 예수님은 우리에게 땅끝까지 복음을 전하라고 하셨어. 알록달록 멋지게 색칠해서 그림을 완성하고, 땅끝까지 전도하는 OO(이)의 모습을 머릿속에 그리면서 다짐하자.

땅 끝 까지 **하나님 나라를 전하는** ◯◯◯

*증인: 어떤 사항이나 사실에 대해 보고 들은 그대로 말하는 사람이에요.

꼭꼭이 가정활동 말씀을 읽고 따라서 기도해요! **활동일** ____ 월 ____ 일

사도행전 28장 31절

하나님의 나라를 전파하며 주 예수 그리스도에 관한 모든 것을 담대하게 거침없이 가르치더라

하나님, 땅끝까지 하나님 나라를 전하는 예수님의 증인으로 살게 해주세요. 예수님의 이름으로 기도합니다. 아멘.

가정

<3단원 암송>

교회

<3단원 찬양>

▶ 도형 스티커를 붙여 그림을 완성하세요.

13과

복음은 구원을 주시는 하나님의 능력이에요 | 로마서 1장 8-17절

"여러분, 예수님을 믿으면 **구원받아요.**"
바울은 이 **능력의 복음**을 전하고 싶어서 로마교회 사람들에게 편지를 썼어요.
하나님은 **복음을 믿는** 모든 사람에게 **구원을 선물로 주세요.**

13과 구원을 주시는 하나님의 능력이 무엇인지 숨은 글자를 찾아 빈칸에 써보아요.

○○(아)야. 하나님은 이것을 우리에게 주시고 믿게 하셔서 구원을 주셨지. 그래서 이것을 '구원을 주시는 하나님의 능력'이라고 한단다. 이것이 무엇일까? 아래 그림에서 ♡만 골라 색칠하여 글자를 찾아내고, 그 글자를 아래 빈칸에 쓴 후, 완성된 문장을 읽으면서 구원을 주신 하나님께 감사하자.

복	음

은 구원을 주시는 하나님의 능력이에요.

꼼꼼이 가정활동

말씀을 읽고 따라서 기도해요! 활동일 월 일

로마서 1장 16절

내가 복음을 부끄러워하지 아니하노니 이 복음은 모든 믿는 자에게 구원을 주시는 하나님의 능력이 됨이라 먼저는 유대인에게요 그리고 헬라인에게로다

하나님, 우리에게 구원을 주시는 복음을 주셔서 감사해요. 복음의 능력을 믿고 살아가게 해주세요. 예수님의 이름으로 기도합니다. 아멘.

<4단원 암송>

<4단원 찬양>

퍼즐 스티커를 붙여 그림을 완성하세요.

14과

복음을 믿으면 예수님과 하나가 되어요 | 로마서 6장 1-11절

예수님이 십자가에서 **죽으셨을 때** 나도 예수님과 함께 **죽었어요.**
예수님이 무덤에서 **살아나셨을 때** 나도 다시 **생명을 얻었어요.**
이것을 **믿나요?** "아멘!" 이것을 **믿는** 사람은 **예수님과 함께** 영원히 살 수 있어요.

14과 '예수님과 하나'인 것을 나타내는 그림을 모두 찾아 ○해요.

○○(아)야, 복음을 믿으면 예수님과 하나가 된단다. 예수님이 십자가에서 죽으셨을 때 나도 죽고, 예수님이 다시 살아나셨을 때 나도 생명을 얻은 거지. 이제 ○○(이)는 죄에 대해서는 죽고, 하나님에 대하여 산 자가 되었단다. 아래 그림에서 예수님과 하나가 된 ○○(이)의 모습을 모두 ○하자.

♥ 가장 마음에 드는 그림은 어떤 것인가요?

♥ 왜 좋은가요?

꼭꼭이 가정활동

말씀을 읽고 따라서 기도해요!

활동일 ____ 월 ____ 일

로마서 6장 11절

이와 같이 너희도 너희 자신을 죄에 대하여는 죽은 자요 그리스도 예수 안에서 하나님께 대하여는 살아 있는 자로 여길지어다

하나님, 날마다 예수님과 하나 되어 죄를 이기며 살아가도록 도와주세요. 예수님의 이름으로 기도합니다. 아멘.

가정

교회

<4단원 암송>

<4단원 찬양>

숨은 그림을 찾아 ○하세요.

15과

복음을 믿으면 성령님을 따라 살 수 있어요 | 로마서 8장 1-11절

'하나님이 기뻐하시는 생각'을 누가 주실까요? 바로 **성령님이 주셔요.**
복음을 믿는 내 안에 **성령님이 함께 하세요. 성령님은 '하나님이 기뻐하시는 생각'**을 하도록
나를 도와주세요. **성령님을 따라 살면** 생명과 평강을 누리게 되어요.

15과 나는 복음을 믿어요! 성령님을 따라 영의 생각대로 살아가요.

○○(아)야, 복음을 믿는 자는 성령님을 따라 살아간단다. 성령님을 따라 사는 것은 영의 생각을 하며 살아간다는 뜻이야. 배운 말씀을 기억하면서 성령님을 따라 살아가는 영의 생각을 찾아 선으로 연결하고 일주일 동안 실천하자.

꼭꼭이 가정활동 말씀을 읽고 따라서 기도해요! 활동일 ____ 월 ____ 일

로마서 8장 2절
이는 그리스도 예수 안에 있는 생명의 성령의 법이 죄와 사망의 법에서 너를 해방하였음이라

하나님, 복음을 믿게 해주셔서 감사해요. 성령님을 따라 영의 생각을 하며 살아가도록 도와주세요. 예수님의 이름으로 기도합니다. 아멘.

가정 <4단원 암송>

교회 <4단원 찬양>

스티커를 붙여 그림을 완성하세요.

16과

복음을 믿으면 하나님의 뜻대로 살 수 있어요 | 로마서 12장 1-2절, 14-21절

매일매일 나는 어떤 생활을 하고 있나요? 언제 어디서나 **예배드리는 모습으로** 살고 있나요? "안 돼, 안 돼!" 이 세상을 본받지 않아요. **말씀으로** 마음을 새롭게 하여 **변화를 받아요.** 복음을 믿는 사람은 **매일매일** 선으로 악을 이기며 **하나님의 뜻대로** 살 수 있어요.

16과 하나님의 선하시고 기뻐하시고 온전하신 뜻대로 살아요!

○○(아)야, 복음을 믿으면 우리는 하나님의 뜻대로 살 수 있단다. 예수님을 믿음으로 십자가의 길을 기쁘게 따르는 사람들을 숫자에 맞는 색으로 칠한 뒤, <보기>에서 하나님의 뜻대로 사는 모습에는 ○를, 세상을 따라 사는 모습에는 X를 표시하자.

보기

- 왜 나만 참아요? ············ ◯
- 네가 좋으니까 나도 좋아! ◯
- 내가 도와줄까? ············ ◯
- 나도 똑같이 갚아줄 거야! ◯
- 네가 슬프면 나도 슬퍼! ·· ◯
- 나만 그런 거 아니에요. ·· ◯
- 내가 양보할게! ············ ◯
- 왜 걔만 예뻐해요? ········ ◯
- 사이좋게 지내자! ·········· ◯
- 내가 먼저 용서할 거야. ·· ◯

색상

1 2 3 4 5 6

꼭꼭이 가정활동 말씀을 읽고 따라서 기도해요! 활동일 ____ 월 ____ 일

로마서 12장 2절
너희는 이 세대를 본받지 말고 오직 마음을 새롭게 함으로 변화를 받아 하나님의 선하시고 기뻐하시고 온전하신 뜻이 무엇인지 분별하도록 하라

하나님, 세상을 따라가지 않고 하나님의 선하시고 기뻐하시고 온전하신 뜻대로 살아가도록 도와주세요. 예수님의 이름으로 기도합니다. 아멘.

가정

교회

<4단원 암송> <4단원 찬양>

스티커를 붙여 그림을 완성하세요.

11과

우리는 서로 하나 된 교회예요 | 고린도전서 3장 1-9절

"나는 아볼로가 좋아요!" "나는 바울이 더 좋아요!" 고린도교회 사람들이 **서로 다퉜어요.**
"우리 모두는 **하나님 나라의 일꾼**일 뿐입니다. 자라게 하시는 분은 오직 하나님이십니다."
바울이 말했어요. 우리는 **다투지 않고 하나 되는 교회**를 이루어가야 해요.

17과 **좋아하는 것도, 생김새도, 성격도 다르지만 우리는 예수님 안에서 하나예요!**

○○(아)야, 교회에 모인 사람들은 좋아하는 것, 잘하는 것, 생각하는 것까지 모두 다르지만, 예수님 안에서 하나 된 하나님 나라의 일꾼이란다. 모두 달라서 더 멋지게 하나님 나라를 섬길 수 있지. 서로 다른 우리가 모여 하나가 된 우리 교회 모습을 그리고 하트를 색칠해 보자.

우리는 **하나님 나라의 일꾼,**
서로 달라도 하 나 가 되기로 노력해요!

꼭꼭이 가정활동

말씀을 읽고 따라서 기도해요! 활동일 ____ 월 ____ 일

고린도전서 3장 9절
우리는 하나님의 동역자들이요 너희는 하나님의 밭이요 하나님의 집이니라

하나님, 우리는 서로 다르지만 예수님 안에서 하나인 것을 기억할게요. 함께 예수님을 전하는 교회로 자라게 해주세요. 예수님의 이름으로 기도합니다. 아멘.

숨은 그림을 찾아 ○하세요.

사랑

18과

우리는 사랑으로 섬기는 교회예요 | 고린도전서 13장 1-7절

바울은 고린도교회 사람들에게 서로 **사랑으로 섬기라고** 말씀했어요. **어떻게 사랑해야** 할까요?
토닥토닥 **친절하게** 대해요. 자랑하거나 교만하지 않아요.
화내지 않고 **모든 것을 참고 믿고 바라요.** 우리는 **사랑으로 섬기는** 교회예요.

18과 솔솔~ 사랑 가득한 교회! 우리가 함께 만들어가요.

○○(아)야, 교회는 사랑으로 서로 섬기는 곳이란다. 사랑은 친절하고, 자랑하거나 뽐내지 않아. 또 참고 믿고 기다려 주지. 아래에 있는 빈 말풍선에 사랑, 축복, 배려, 용기를 주는 말을 쓰고, 말과 행함으로 사랑을 실천해 보자.

♥ **내가 실천한 사랑은 무엇인가요? 그림에 ○를 해요.**

꼭꼭이 가정활동 말씀을 읽고 따라서 기도해요! 활동일 ______ 월 ______ 일

고린도전서 13장 4절

사랑은 오래 참고 사랑은 온유하며 시기하지 아니하며 사랑은 자랑하지 아니하며 교만하지 아니하며

하나님, 제가 먼저 참고 믿고 기다려 주는 사랑의 아이가 되겠어요. 우리 교회가 사랑이 많은 교회가 되게 해주세요. 예수님의 이름으로 기도합니다. 아멘.

가정

교회

<5단원 암송> <5단원 찬양>

도형 스티커를 붙여 그림을 완성하세요.

19과 우리는 예수님을 자랑하는 교회예요 | 고린도후서 4장 7-18절

흔들흔들 **우리는** 마치 깨지기 쉬운 **질그릇**과 같아요.
하지만 걱정 없어요. 우리 마음 안에 반짝반짝 **보배이신 예수님**이 계시니까요.
우리는 보배이신 예수님을 **자랑하는 교회**예요.

19과 글자를 찾아 색칠하고 주어진 문장을 읽어요.

○○(아)야, 우리는 질그릇처럼 약하지만, 우리 안에 보배이신 예수님이 계셔서 우리의 자랑이 되고 큰 능력이 되신단다. 그래서 때로는 넘어지고 흔들릴 수 있지만, 낙심하지 않고 다시 일어서지. <글자 찾기>의 글자를 아래 박스에서 찾아 색칠하고 주어진 문장을 읽고 기억하자.

제	자	아	교	회
사	랑	주	멘	나
장	소	예	수	님
보	배	바	전	도

"우리는 **보배**이신 **예수님**을 **자랑**하는 **교회**예요!"

| 글자 찾기 | 보배, 예수님, 자랑, 교회

꼭꼭이 가정활동

밀씀을 읽고 따라서 기도해요! 활동일 ____ 월 ____ 일

고린도후서 4장 7절

우리가 이 보배를 질그릇에 가졌으니 이는 심히 큰 능력은 하나님께 있고 우리에게 있지 아니함을 알게 하려 함이라

하나님, 제 안에 보배이신 예수님이 계셔서 정말 감사해요. 능력의 예수님을 기억하고 낙심하지 않고 일어서는 믿음을 주세요. 예수님의 이름으로 기도합니다. 아멘!

<5단원 암송>

<5단원 찬양>

▶ 성령의 열매는 무엇인지 아래의 글에서 찾고 나머지 열매들은 스티커로 나무에 붙여요.

▶ 성령의 열매는

아홉 가지예요.

20과 성령의 열매를 맺으며 살아요 | 갈라디아서 5장 16-26절

"하나, 둘, 셋, 넷!" **성령님의 인도하심을 따라가면 성령의 열매를** 주렁주렁 **맺을 수 있어요.**
성령의 열매는 **사랑, 희락, 화평, 오래 참음, 자비, 양선, 충성, 온유, 절제**예요.
성령님과 함께 매일매일 **성령의 열매를 맺으며 살아가요.**

20과 매일매일 성령의 열매를 맺어요!

○○(아)야, 예수님을 믿는 우리는 매일매일 성령의 열매를 맺어야 한단다. 아래에 있는 아홉 가지 열매를 잘 기억하고, 매일매일 성령님의 인도하심을 따라 어떤 열매를 맺었는지 V 표시해 보자.

사랑
하나님을 사랑하고
이웃을
사랑했어요.

희락(기쁨)
예수님을 생각하고
기쁘게 지냈어요.

화평
사이좋게
지냈어요.

오래 참음
끝까지
잘 참아요.

자비(친절)
친구를
도와주었어요.

양선(착함)
예수님의 마음으로
착하게 행했어요.

충성
해야 할 일을
열심히 했어요.

온유
부드러운 마음으로
대했어요.

절제
내가 하고 싶은 대로
하지 않고
꼭 해야 할 일을
했어요.

♥ 가장 탐스럽고 크게 맺어진 열매는?

♥ 좀 더 크게 맺어야 할 열매는?

꼭꼭이 가정활동

말씀을 읽고 따라서 기도해요! **활동일** 월 일

갈라디아서 5장 22-23절

오직 성령의 열매는 사랑과 희락과 화평과 오래 참음과 자비와 양선과 충성과 온유와 절제니 이같은 것을 금지할 법이 없느니라

하나님, 매일매일 성령님의 인도하심을 따라 성령의 열매를 맺으며 살아가도록 도와주세요. 예수님의 이름으로 기도합니다. 아멘.

가정

<6단원 암송>

교회

<6단원 찬양>

스티커를 붙여 그림을 완성하세요.

21과

하나님의 전신 갑주를 입고 승리하며 살아요 | 에베소서 6장 10-18절

전쟁에서 **승리하려면** **갑옷을 입고** 무장해야 해요.
악한 마귀가 공격해 올 때 우리는 **하나님의 전신 갑주를 입고** 완전히 무장해야 **승리**할 수 있어요.
"얍얍!" 믿음의 방패와 말씀의 검을 가지고 **승리해요.**

21과 하나님의 전신 갑주를 입고 매일매일 승리해요!

○○(아)야, 하나님은 악한 마귀의 공격에서 우리가 승리할 수 있도록 전신 갑주를 주셨단다. 매일매일 하나님의 전신 갑주를 입고 나가서 마귀의 공격을 이기도록 하자. 그림자를 보고 맞는 그림을 모두 찾아 줄로 연결해 보자.

구원의 투구 · 복음의 신 · 진리의 허리띠 · 의의 호심경 · 말씀의 검 · 믿음의 방패

매일매일 하나님의 | 전 | 신 | 갑 | 주 | 를 입어요!

*투구: 전쟁 때 머리를 보호하기 위해 쓰는 철로 만든 모자
*호심경: 가슴을 보호하기 위해 갑옷에 대는 구리 조각

꼭꼭이 가정활동

말씀을 읽고 따라서 기도해요! 활동일 월 일

에베소서 6장 13절

그러므로 하나님의 전신 갑주를 취하라 이는 악한 날에 너희가 능히 대적하고 모든 일을 행한 후에 서기 위함이라

하나님, 우리에게 주신 전신 갑주를 입고 마귀의 악한 공격에도 매일매일 승리하는 믿음의 사람이 되게 해주세요. 예수님의 이름으로 기도합니다. 아멘.

가정 <6단원 암송>

교회 <6단원 찬양>

퍼즐 스티커를 붙여 그림을 완성하세요.

22과

항상 기도하고 기뻐하며 살아요 | 빌립보서 4장 4-7절

바울은 감옥에서 빌립보교회 성도들에게 편지를 썼어요.
"여러분, 항상 **기뻐하세요!** **모든 일에 감사하며 하나님께** **기도하세요.**"
모든 것을 아시는 하나님께서 평강을 주세요. 항상 **기도하고 기뻐하며** 살아가요.

22과 항상 기도하며 기뻐하기로 약속해요.

○○(아)야, 하나님은 우리의 모든 것을 아신단다. 어렵고 힘들 때, 이해할 수 없을 때 매일매일 함께하시는 하나님이 가장 좋은 것으로 주실 것을 믿고 감사함으로 하나님께 기도하는 ○○(이)가 되자.

♥ **우리의 모든 것을 아시는 분은 누구일까요?** 하 나 님

♥ **그러므로 걱정하기보다 먼저 무엇을 해야 할까요?** 감 사 하며 기 도 해요.

걱정이 있나요? 잠깐! 걱정하지 말고 먼저 기도해요!

모든 것을 아시는 하나님 아버지,

________________ 를 감사해요.

________________ 하게 도와주세요.

예수님의 이름으로 기도합니다. 아멘.

꼭꼭이 가정활동

말씀을 읽고 따라서 기도해요! 활동일 ____ 월 ____ 일

빌립보서 4장 6절

아무것도 염려하지 말고 다만 모든 일에 기도와 간구로, 너희 구할 것을 감사함으로 하나님께 아뢰라

하나님, 아무것도 걱정하지 않고 어떤 상황에서도 감사로 기도하게 해주세요.
예수님의 이름으로 기도합니다. 아멘.

<6단원 암송> <6단원 찬양>

도형 스티커를 붙여 그림을 완성하세요.

종려 주일

예수님은 하나님의 뜻대로 순종하셨어요 | 마태복음 26장 36-46절

십자가를 지시기 전, 예수님은 겟세마네 동산에서 엎드려 **간절히 기도하셨어요.**

"아버지, 할 수만 있으면 십자가의 죽음을 거두어 주소서. 그러나 나의 뜻이 아닌 **아버지의 뜻대로** 하소서!"

하나님의 뜻대로 순종하신 예수님처럼 우리도 하나님께 순종해요.

종려주일 **겟세마네 동산에서의 일을 순서대로 번호로 쓰고, 들은 이야기를 말해 보아요.**

○○(아)야, 십자가를 지시기 전에 예수님은 하나님의 뜻에 순종하시려고 제자들과 겟세마네 동산에 가셔서 간절히 기도하셨단다. ○○(이)도 예수님처럼 내 마음보다 하나님이 원하시는 것에 순종하자.

예수님은 세 3 번이나 같은 말씀으로 기도하셨어요.

"나의 원대로 마시옵고 아버지의 원대로 하옵소서!"

*원대로: 바라거나 하고자 하는

꼭꼭이 가정활동

밀씀을 읽고 따라서 기도해요! 활동일 월 일

마태복음 26장 39절 하반절

내 아버지여 만일 할 만하시거든 이 잔을 내게서 지나가게 하옵소서 그러나 나의 원대로 마시옵고 아버지의 원대로 하옵소서 하시고

가정

하나님, 하나님의 말씀대로 순종의 기도를 하신 예수님처럼 우리도 하나님의 말씀에 순종하며 살아가도록 도와주세요. 예수님의 이름으로 기도합니다. 아멘.

교회

스티커를 붙여 그림을 완성하세요.

부활 주일

예수님이 부활하셨어요 | 고린도전서 15장 4-8절, 14-19절

십자가에서 죽으신 예수님께서 3일 만에 **성경대로 다시 살아나셨어요.**
"**부활하신 예수님**을 **만났어요.**" "저도요!" 바울과 열두 제자, 오백 명이 넘는 사람들이 예수님을 **만났어요.**
부활하신 예수님처럼 우리도 다시 살아나 천국에서 영원히 살 것을 **믿어요.**

부활주일 성경 말씀 그대로 예수님이 정말로 다시 살아나셨어요!

○○(아)야, 십자가에서 죽으신 예수님은 3일 만에 다시 살아나셨단다. 이 사실은 부활하신 예수님을 만난 많은 사람으로 인해 알려졌지. 예수님이 진짜 부활하셨다는 것을 알려주는 그림을 아래에서 찾아 성경책에 색칠하고, 아는 대로 자신 있게 이야기해 보자.

「하나 바이블」 유치부 어플이나 유튜브를 통해
학기별 해당 과의 성경 스토리 영상을 자녀와 함께 시청하세요.

꼭꼭이 가정활동

말씀을 읽고 따라서 기도해요! 활동일 월 일

고린도전서 15장 4절
장사 지낸 바 되셨다가 성경대로 사흘 만에 다시 살아나사

하나님, 예수님이 정말로 다시 살아나셨다는 것을 믿고 자신 있게 자랑하게 해주세요.
예수님의 이름으로 기도드립니다. 아멘.

어린이 주일

예수님처럼 자라가요 | 누가복음 2장 40절, 52절

"응애응애!" 아기로 태어나신 **예수님은** 어떤 모습으로 **자랐을까요?**
예수님은 몸도 튼튼 지혜도 쑥쑥, 하나님의 **사랑을 받은** 아이로 **자랐어요.**
우리도 **예수님처럼 지혜와 키**가 **자라가며** 하나님과 사람에게 **더욱 사랑스러운** 아이로 **자라가요.**

어린이주일 예수님처럼 자라가는 어린이가 될래요!

○○(아)야, 예수님도 우리 ○○(이)처럼 아기로 태어나셔서 지혜와 키가 쑥쑥 자라가셨단다. 나이가 들수록 더욱 하나님과 사람들에게 사랑받는 아이가 되셨지. ○○(이)도 키도 쑥쑥! 지혜도 반짝! 하나님과 사람들에게 더 사랑받는, 예수님을 닮은 아이로 자라가자.

예수님처럼 더욱 사랑스럽게 자라가요!

- 실천 유치원(어린이집) 선생님 말씀을 잘 들어요.
- 실천 힘든 친구를 도와주어요.
- 실천 엄마, 아빠 말씀에 순종해요.
- 실천 하나님을 기쁨으로 찬양해요.
- 실천 주일 요절 말씀을 읽어요.
- 실천 하나님께 마음과 정성으로 예배해요.

꼭꼭이 가정활동

말씀을 읽고 따라서 기도해요! 활동일 월 일

누가복음 2장 52절
예수는 지혜와 키가 자라가며 하나님과 사람에게 더욱 사랑스러워 가시더라

하나님, 예수님처럼 지혜와 키가 자라가며 하나님과 사람에게 더욱 사랑받는 아이가 되게 해주세요. 예수님의 이름으로 기도합니다. 아멘.

스티커를 붙여 그림을 완성하세요.

어버이 주일

주님 안에서 부모님께 순종해요 | 에베소서 6장 1-4절

부모님께 우리는 **어떻게** 해야 할까요? 부모님 말씀에 "네네!" 순종해요.
부모님을 공경하는 자녀는 이 땅에서 **잘되고 오래 사는 복**을 받아요.
주님 안에서 부모님께 순종하는 자녀가 되어요.

어버이주일 알맞은 순종의 답을 하고, 색종이로 '순종'이라는 글자를 꾸며요.

하나님은 예수님을 믿는 ○○(이)가 주님 안에서 부모님께 순종하는 것이 옳다고 말씀하셨단다. 부모님의 말씀에 알맞은 순종의 답을 하고 '순종'이라는 말에 색종이를 붙여서 예쁘게 꾸며 보자.

순종

꼭꼭이 가정활동 말씀을 읽고 따라서 기도해요! 활동일 월 일

에베소서 6장 1절
자녀들아 주 안에서 너희 부모에게 순종하라 이것이 옳으니라

하나님, 부모님의 말씀에 즉시 기쁜 마음으로 순종하게 해주세요. 예수님의 이름으로 기도합니다. 아멘.

하나 바이블 가정안내문

1 단원 명령 따라! 하나님 나라

_______________ 의 부모님께

이번 학기는 신약성경의 가운데 부분을 다룹니다. 주제는 '하나님 나라의 전파'로 사도행전부터 빌립보서까지 배웁니다. 1단원에서는 "명령 따라! 하나님 나라"라는 주제로, 믿음의 사람들이 예수님의 명령을 따라 하나님 나라를 전파하는 이야기를 배웁니다. **1과**를 통해 예수님의 지상 명령은 제자들뿐만 아니라 우리에게도 주어진 것임을 알려주세요. **2과**에서는 초대교회 성도들이 서로 나누는 모습을 살펴보며 우리 자녀들도 삶에서 서로 나눌 수 있도록 격려해 주세요. **3과**는 베드로와 요한이 예수님 이름의 능력으로 나면서부터 걷지 못한 자를 낫게 한 이야기를 통해 '예수님 이름의 능력'을 함께 외치며 그 이름의 능력으로 하나님 나라가 전파됨을 기억하게 해주세요. **4과**는 공회 앞에서도 하나님이 주신 지혜와 성령의 능력으로 당당히 복음을 전한 스데반 집사의 이야기를 통해 우리 자녀들도 하나님의 지혜와 능력을 의지하여 당당하게 복음을 전하도록 기도해 주세요.

주중에 가정에서 1단원 성경 스토리북과 홈워크북, 주제 및 암송찬양, 말씀 축복 기도를 통해 우리 자녀들이 예수님의 명령을 따라 하나님 나라를 이루어 가도록 도와주세요.

1과

예수님이 하나님 나라를 전하라고 명령하셨어요

(사도행전 1:3-11)

2과

하나님 나라는 서로 나누는 교회를 통해 전파돼요

(사도행전 2:42-47)

3과

하나님 나라는 예수님 이름의 능력으로 전파돼요

(사도행전 3:1-10)

4과

하나님 나라는 지혜와 성령의 능력으로 전파돼요

(사도행전 6:8-15)

1단원 암송 말씀을 손유희하며 배워요!

오직 성령이 너희에게 임하시면 너희가 권능을 받고 예루살렘과 온 유대와 사마리아와 땅끝까지 이르러 내 증인이 되리라 하시니라(사도행전 1장 8절)

오직 성령이 너희에게 임하시면
한 손으로 어깨를 한번 찍고 엄지손가락을 세워 앞으로 내민 후 반대 손도 똑같이 한다.

너희가 권능을 받고
양팔을 앞으로 뻗고 양손을 머리 위로 올린다.

예루살렘과
손바닥을 펴고 한 발씩 앞을 찍고 제자리로 돌아온다.

온 유대와 사마리아와
양손을 어깨 위로 올리고 한 발씩 앞을 찍고 제자리로 돌아온다.

땅끝까지 이르러
박수를 두 번 치고 한 팔을 뒤로 향한 후 다시 앞으로 뻗는다.

내 증인이 되리라 하시니라
한 손으로 가슴을 두 번 치고 옆으로 올린 후 다른 손으로 입을 두 번 치고 옆으로 올린다.

1단원 홈워크북 정답

활용 가이드

주중 가정활동 이렇게 활용하세요!

※ 가정에서 활동하고 주일에 교회로 보내 주세요.

성경 스토리북에 있는 활동을 한 후 성경 이야기를 읽어 주세요.

홈워크북에 있는 활동을 함께 하며 말씀을 기억해요.

말씀으로 축복하는 기도문

홈워크북 뒷면 하단에 있는 성경 말씀을 읽고 부모님을 따라서 기도해요.

1단원 찬양을 함께 불러요!

명령 따라! 하나님 나라

하나 바이블 가정안내문

2단원 말씀대로! 하나님 나라

______________________ 의 부모님께

2단원에서는 "말씀대로! 하나님 나라"라는 주제로, 성도들이 박해로 멀리 흩어지는 상황 속에서 이방인에게까지 하나님 나라가 전파됨을 배웁니다. **5과**에서는 흩어짐을 통해 하나님 나라가 전파되게 하시는 하나님을 믿고 어려움 속에서도 복음을 전하는 자녀들이 되도록 격려해 주세요. **6과**에서는 빌립과 에디오피아 내시가 만나 복음이 이방 지역에 전파되는 이야기를 통해 하나님이 만남도 주관하고 계심을 기억하게 해주세요. **7과**는 부활하신 예수님을 만나 전도자로 세움 받은 바울 이야기를 통해 나도 변화되어 하나님 나라를 전하기로 다짐하도록 도와주세요. **8과**는 베드로와 이방인 고넬료를 만나게 하셔서 복음이 전해지는 이야기를 통해 하나님 나라는 우리의 생각을 넘어 하나님의 말씀대로 모든 사람에게 전파되는 것임을 알려주세요.

주중에 가정에서 2단원 성경 스토리북과 홈워크북, 주제 및 암송찬양, 말씀 축복 기도를 통해 우리 자녀들이 하나님의 변치 않는 말씀을 의지하며 하나님 나라를 이루어 가도록 도와주세요.

5과

하나님 나라는
흩어짐을 통해 전파돼요
(사도행전 8:1-8)

6과

하나님 나라는
만남을 통해 전파돼요
(사도행전 8:26-40)

7과

하나님 나라는 부르심을
받은 사람을 통해 전파돼요
(사도행전 9:1-16)

8과

하나님 나라는
우리의생각을넘어전파돼요
(사도행전 10:30-35, 44-48)

2단원 암송 말씀을 손유희하며 배워요!

이 사람은 내 이름을 이방인과 임금들과 이스라엘 자손들에게 전하기 위하여 택한 나의 그릇이라
(사도행전 9장 15절 하반절)

이 사람은 내 이름을
한 손을 앞으로 펼친 후 펼친 손의 엄지손가락으로 나를 가리킨다.

이방인과 임금들과
가위 손으로 앞과 옆을 찍고 반대 손으로 주먹 쥐고 앞과 옆을 찍는다.

이스라엘 자손들에게
양팔을 옆으로 벌린 뒤 손을 들어 한 손가락씩 접는다.

전하기 위하여
무릎을 구부렸다 펴면서 양손을 입가에 모은 후 양팔을 편다.

택한 나의
주먹을 쥔 양팔을 접어 가슴에서 찍은 후 양손 엄지손가락으로 나를 가리킨다.

그릇이라
양팔과 손을 앞으로 펼쳐 가운데로 모은다.

2단원 홈워크북 정답

활용 가이드

주중 가정활동 이렇게 활용하세요!

※ 가정에서 활동하고 주일에 교회로 보내 주세요.

성경 스토리북에 있는 활동을 한 후 성경 이야기를 읽어 주세요.

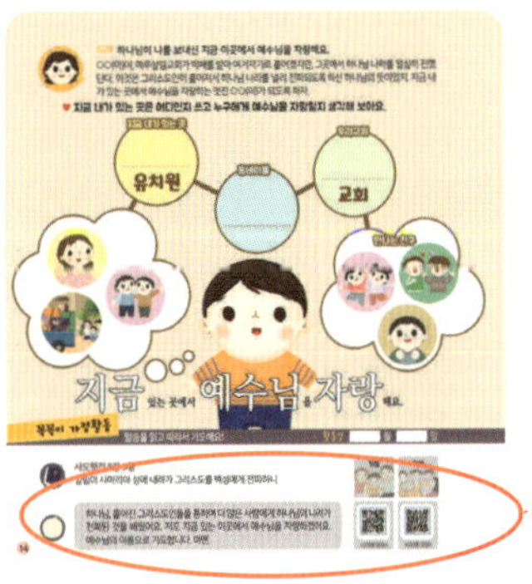

홈워크북에 있는 활동을 함께 하며 말씀을 기억해요.

말씀으로 축복하는 기도문

홈워크북 뒷면 하단에 있는 성경 말씀을 읽고 부모님을 따라서 기도해요.

2단원 찬양을 함께 불러요!

말씀대로! 하나님 나라

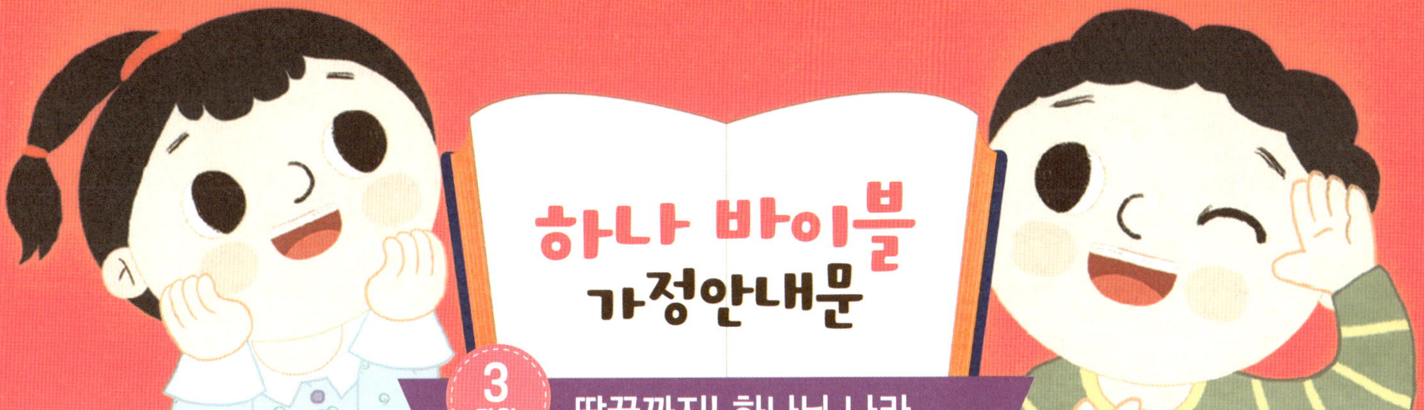

하나 바이블 가정안내문

3단원 땅끝까지! 하나님 나라

______________________ 의 부모님께

3단원에서는 "땅끝까지! 하나님 나라"라는 주제로, 부활하신 예수님을 만난 후 생애를 마감하기까지 복음 전파에 힘을 쏟은 사도 바울을 중심으로 내용이 전개됩니다. **9과**는 안디옥교회를 더욱 든든히 세우기 위해 예루살렘교회에서 바나바와 바울을 보낸 이야기를 통해 교회와 교회는 서로 도와주어야 함을 알려주세요. **10과**에서는 환상을 통해 바울을 마게도냐로 가게 하신 것처럼 하나님은 복음이 필요한 곳으로 우리를 인도하시는 분임을 기억하게 해주세요. **11과**는 복음을 전파하다가 억울하게 옥에 갇혔지만 오히려 기도와 찬양을 하나님께 드리고, 간수의 가족을 구원한 바울과 실라를 통해 어려움 속에서도 기도하고 찬양하는 자녀들이 되도록 격려해 주세요. **12과**는 죄인의 신분으로 로마에 갔지만 자신에게 오는 모든 사람에게 복음을 전하는 바울을 기억하며 땅끝까지 하나님 나라를 전하도록 소망을 심어주세요.

주중에 가정에서 3단원 성경 스토리북과 홈워크북, 주제 및 암송찬양, 말씀 축복 기도를 통해 우리 자녀들이 하나님만을 의지하며 땅끝까지 복음을 전하여 하나님 나라를 이루어 가도록 도와주세요.

9과

교회가 교회를 도움으로 하나님 나라를 전해요

(사도행전 11:19-26)

10과

복음이 필요한 곳에 하나님 나라를 전해요

(사도행전 16:6-10)

11과

어려움 속에서도 하나님 나라를 전해요

(사도행전 16:25-34)

12과

땅끝까지 하나님 나라를 전해요

(사도행전 28:23-31)

3단원 암송 말씀을 손유희하며 배워요!

하나님의 나라를 전파하며 주 예수 그리스도에 관한 모든 것을 담대하게 거침없이 가르치더라
(사도행전 28장 31절)

하나님의 나라를
한 팔씩 위로
원을 그리며 올린 후
양팔을 하늘을 향해
뻗는다.

전파하며
양손을 입가에 대고
모았다가 앞으로
뻗은 후
손허리 한다.

주 예수 그리스도에
양팔을 옆으로 뻗고
위로 뻗으면서
십자가를 만든다.

관한 모든 것을
양팔을 위로 올려서
박수를 두 번 치고
원을 만들어 내린다.

담대하게 거침없이
한 손 주먹 쥐고
어깨를 두 번 두들긴 후
위아래로 두 번
올렸다 내린다.
반대 손도 똑같이 한다.

가르치더라
양손을 입가에 대고
모았다가
앞으로 뻗은 후
손허리 한다.

3단원 홈워크북 정답

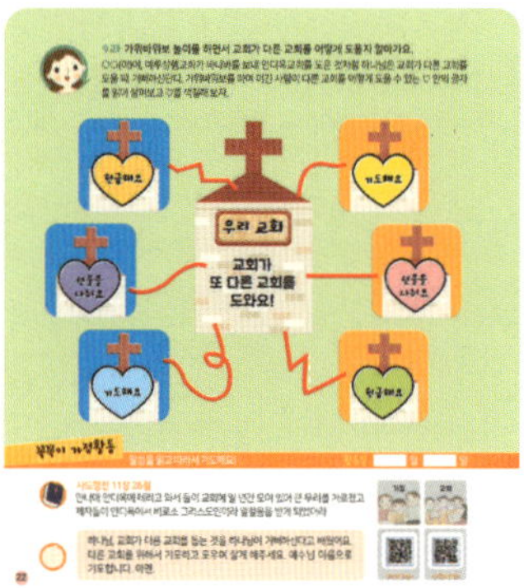

활용 가이드

주중 가정활동 이렇게 활용하세요!

※ 가정에서 활동하고 주일에 교회로 보내 주세요.

성경 스토리북에 있는 활동을 한 후
성경 이야기를 읽어 주세요.

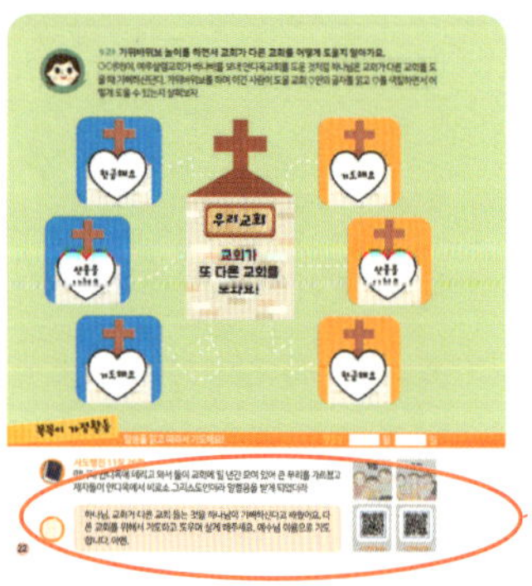

홈워크북에 있는 활동을 함께 하며
말씀을 기억해요.

말씀으로 축복하는 기도문

홈워크북 뒷면 하단에
있는 성경 말씀을 읽고
부모님을 따라서 기도
해요.

3단원 찬양을 함께 불러요!

땅끝까지!
하나님 나라

하나 바이블 가정안내문

4단원 믿음으로! 하나님 나라

____________________ **의 부모님께**

4단원은 “믿음으로! 하나님 나라”라는 주제로, 복음의 핵심이 담겨 있는 로마서를 다룹니다. 바울이 로마교회에 보낸 편지를 통해 오직 믿음으로만 구원받을 수 있음을 배웁니다. **13과**에서는 하나님의 아들이신 예수님이 우리 죄를 깨끗게 하시어 구원해 주심을 믿고, 이 복음을 자랑하는 마음을 가지도록 기도해 주세요. **14과**는 복음을 믿는 자는 예수님과 하나가 되어 죄에 대해 죽은 자로, 예수님 안에서 산 자로 여기며 살아야 함을 알려주세요. **15과**는 복음을 믿으면 성령님을 따라 영의 생각을 하며 살 수 있음을 알려주세요. **16과**에서는 복음을 믿으면 순종과 기쁨, 용서와 사랑 등 하나님의 뜻대로 살 수 있음을 알려주시고, 하나님의 뜻을 분별하도록 기도하며 힘쓰는 자녀가 되게 격려해 주세요.

주중에 가정에서 4단원 성경 스토리북과 홈워크북, 주제 및 암송찬양, 말씀 축복 기도를 통해 우리 자녀들이 복음의 삶을 기억하고 믿음으로 하나님 나라를 이루어 가도록 도와주세요.

13과

복음은 구원을 주시는 하나님의 능력이에요

(로마서 1:8-17)

14과

복음을 믿으면 예수님과 하나가 되어요

(로마서 6:1-11)

15과

복음을 믿으면 성령님을 따라 살 수 있어요

(로마서 8:1-11)

16과

복음을 믿으면 하나님의 뜻대로 살 수 있어요

(로마서 12:1-2, 14-21)

종려주일

예수님은 하나님의 뜻대로 순종하셨어요

(마태복음 26:36-46)

부활주일

예수님이 부활하셨어요

(고린도전서 15:4-8, 14-19)

4단원 암송 말씀을 손유희하며 배워요!

내가 복음을 부끄러워하지 아니하노니 이 복음은 모든 믿는 자에게 구원을 주시는 하나님의 능력이 됨이라
(로마서 1장 16절 상반절)

내가 복음을
양손을 가슴에 포갠 후 입가에 대고 전한다.

부끄러워하지 아니하노니
양손으로 얼굴을 가리고 손과 함께 고개를 흔든 후 양손을 다시 입가에 대고 전한다.

이 복음은
양손으로 성경책을 펼친다.

모든 믿는 자에게
양손을 안에서 밖으로 펼친다.

구원을 주시는
펼친 양손을 한 번 찍고 위로 올린다.

하나님의 능력이 됨이라
양손을 주먹 쥔 후 얼굴 앞에 모으고 안에서 밖으로 벌리면서 위로 올린다.

4단원 홈워크북 정답

활용 가이드

주중 가정활동 이렇게 활용하세요!

※ 가정에서 활동하고 주일에 교회로 보내 주세요.

성경 스토리북에 있는 활동을 한 후 성경 이야기를 읽어 주세요.

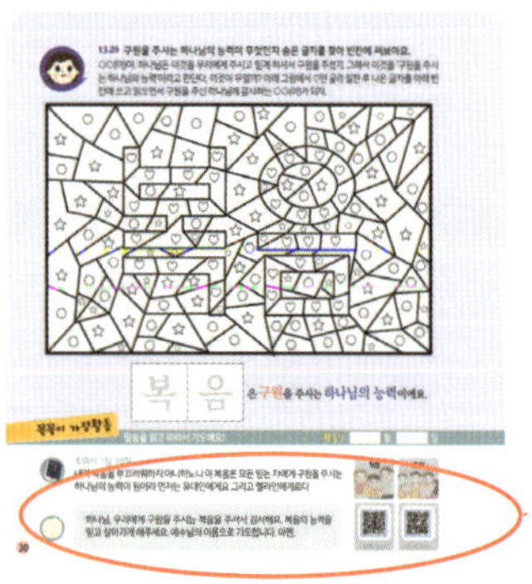

홈워크북에 있는 활동을 함께 하며 말씀을 기억해요.

말씀으로 축복하는 기도문

홈워크북 뒷면 하단에 있는 성경 말씀을 읽고 부모님을 따라서 기도해요.

4단원 찬양을 함께 불러요!

믿음으로! 하나님 나라

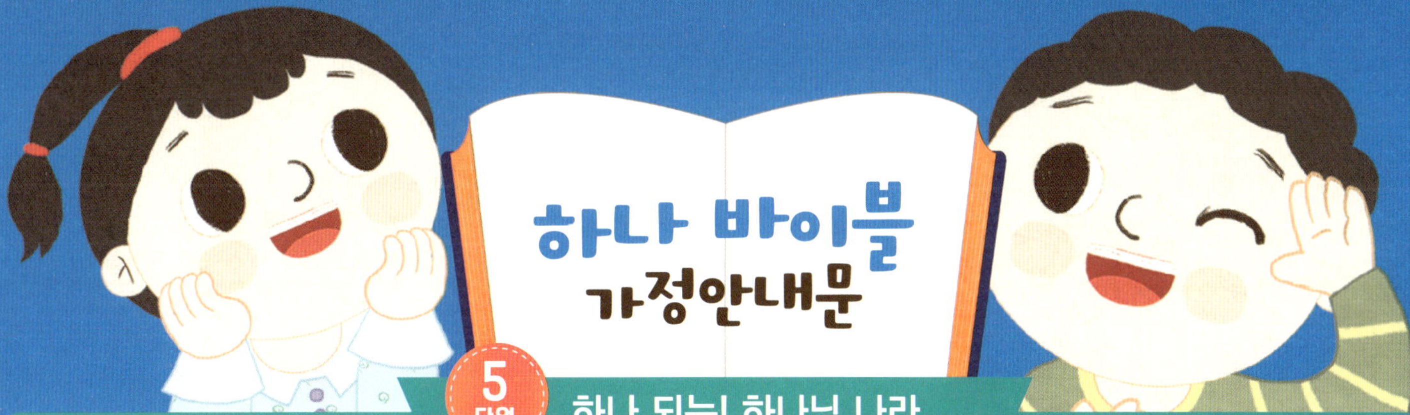

하나 바이블 가정안내문

5단원 하나 되는! 하나님 나라

______________________ **의 부모님께**

5단원은 "하나 되는! 하나님 나라"라는 주제로, 고린도교회에 보낸 바울의 서신을 중심으로 전개됩니다. 바울은 파벌 문제로 분쟁이 생긴 고린도교회에 서신을 보내 하나님 나라는 분열과 분쟁이 아니라 서로 하나가 되는 나라임을 알려주었습니다. **17과**에서는 교회는 서로 하나 된 공동체로서, 하나님 나라의 하나 됨을 위해 서로 세워주며 살아가야 함을 알려주세요. **18과**에서는 교회가 하나 되기 위해서는 서로 사랑해야 함을 배우고, 사랑을 실천하는 구체적인 모습을 익히도록 도와주세요. **19과**에서는 보배이신 예수님을 가진 질그릇같은 우리를 통해 복음이 전해진 이야기를 들려주고, 자녀들 안에도 보배이신 예수님이 계심을 기억하며 힘있게 복음을 전하도록 격려해 주세요.

주중에 가정에서 5단원 성경 스토리북과 홈워크북, 주제 및 암송찬양, 말씀 축복 기도를 통해 우리 자녀들이 하나 된 하나님 나라를 이루어 가도록 도와주세요.

17과
우리는 서로 하나 된 교회예요
(고린도전서 3:1-9)

18과
우리는 사랑으로 섬기는 교회예요
(고린도전서 13:1-7)

19과
우리는 예수님을 자랑하는 교회예요
(고린도후서 4:7-18)

어린이주일
예수님처럼 자라가요
(누가복음 2:40, 52)

어버이주일
주님 안에서 부모님께 순종해요
(에베소서 6:1-4)

5단원 암송 말씀을 손유희하며 배워요!

사랑은 오래 참고 사랑은 온유하며 시기하지 아니하며 사랑은 자랑하지 아니하며 교만하지 아니하며
(고린도전서 13장 4절)

사랑은 오래 참고
손허리 한 채로 왼쪽과 오른쪽으로 세 번씩 엉덩이를 움직인 후 양손을 주먹 쥐고 흔든다.

사랑은 온유하며
손허리 한 채로 왼쪽과 오른쪽으로 세 번씩 엉덩이를 움직인 후 손으로 하트 모양을 만들어서 얼굴 옆으로 이동한다.

시기하지 아니하며
주먹 쥐고 오른쪽에서 앞뒤로 흔든 후 왼쪽에서 손가락을 좌우로 흔든다.

사랑은
손허리 한 채로 엉덩이를 왼쪽, 오른쪽으로 세 번 움직인다.

자랑하지 아니하며
한 손을 턱밑에서 위로 올린 후 양손을 X모양으로 만든다.

교만하지 아니하며
양손을 턱밑에서 위로 올린 후 양손으로 X모양을 만들고 좌우로 몸을 이동한다.

5단원 홈워크북 정답

활용 가이드

주중 가정활동 이렇게 활용하세요!

※ 가정에서 활동하고 주일에 교회로 보내 주세요.

성경 스토리북에 있는 활동을 한 후 성경 이야기를 읽어 주세요.

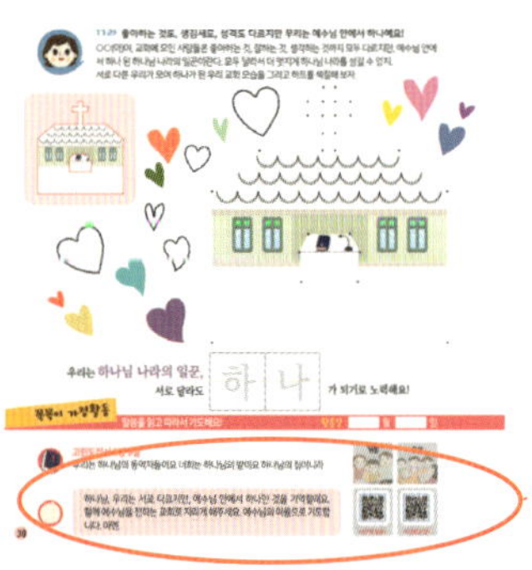

홈워크북에 있는 활동을 함께 하며 말씀을 기억해요.

말씀으로 축복하는 기도문

홈워크북 뒷면 하단에 있는 성경 말씀을 읽고 부모님을 따라서 기도해요.

5단원 찬양을 함께 불러요!

하나 되는!
하나님 나라

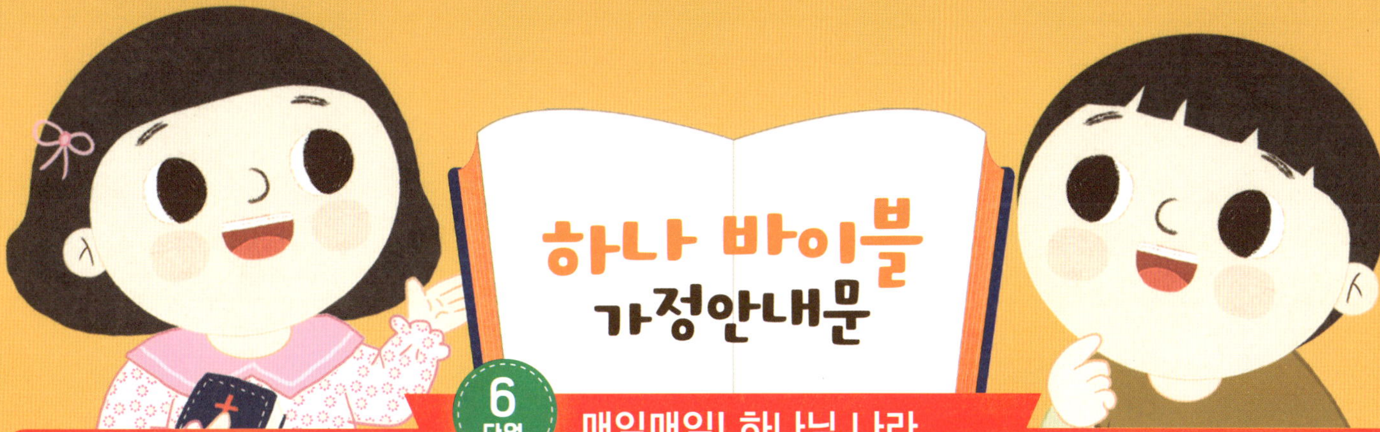

하나 바이블 가정안내문

6단원 매일매일! 하나님 나라

______________________ 의 부모님께

6단원에서는 바울서신 중 갈라디아서, 에베소서, 빌립보서를 다룹니다. 주제는 "매일매일! 하나님 나라"로서, 이 땅에서 살아가는 하나님 나라 백성의 모습이 어떠해야 하는지를 배웁니다. **20과**에서는 사랑과 희락, 화평, 오래참음, 자비와 양선, 충선과 온유, 절제의 성령의 아홉 가지 열매를 살펴보며, 성령을 따라 행하면 성령의 열매를 풍성히 맺게 됨을 알려주세요. **21과**에서는 하나님의 전신 갑주인 구원의 투구, 의의 흉배, 진리의 허리띠, 평화의 신발, 믿음의 방패, 성령의 검으로 매일매일 무장하여 마귀의 대적에 승리하도록 격려해 주세요. **22과**에서는 하나님이 우리의 모든 것을 아시기에, 모든 일에 감사함으로 기도하고 기뻐하며 살아가도록 지도해 주세요.

주중에 가정에서 6단원 성경 스토리북과 홈워크북, 주제 및 암송찬양, 말씀 축복 기도를 통해 우리 자녀들이 매일매일 하나님 나라의 백성답게 살아가도록 도와주세요.

20과

성령의 열매를 맺으며 살아요

(갈라디아서 5:16-26)

21과

하나님의 전신 갑주를 입고 승리하며 살아요

(에베소서 6:10-18)

22과

항상 기도하고 기뻐하며 살아요

(빌립보서 4:4-7)

6단원 암송 말씀을 손유희하며 배워요!

오직 성령의 열매는 사랑과 희락과 화평과 오래 참음과 자비와 양선과 충성과 온유와 절제니
이 같은 것을 금지할 법이 없느니라(갈라디아서 5장 22-23절)

오직 성령의 열매는
양손을 가슴에 모아 기도손을 한 후 양손을 위로 펴고 가슴 쪽에서 두 주먹을 모아 열매를 만든다.

사랑과 희락과 화평과
양손으로 하트 모양을 만든 후 두 손바닥을 양옆으로 활짝 펴고 양손을 반짝이며 가슴에 모은다.

오래 참음과 자비와 양선과
양손을 가슴에 모아 기도손을 한 후 양 손바닥을 사선으로 양쪽에서 한 번씩 편다.

충성과 온유와 절제니
양손을 주먹 쥐고 한 손은 가슴에 댄 후 주먹 쥔 다른 손을 펴서 위에서 아래로 가슴까지 세 번 찍어 내린다.

이 같은 것을 금지할
양 손바닥을 위에서 아래쪽으로 툭툭 치며 배꼽 쪽으로 내려온 후 다른 쪽도 동일하게 한다.

법이 없느니라
양손을 크게 X자를 하며 가슴에 모은 후 밖으로 크게 펴고 손허리 한다.

6단원 홈워크북 정답

활용 가이드

주중 가정활동 이렇게 활용하세요!

※ 가정에서 활동하고 주일에 교회로 보내 주세요.

성경 스토리북에 있는 활동을 한 후 성경 이야기를 읽어 주세요.

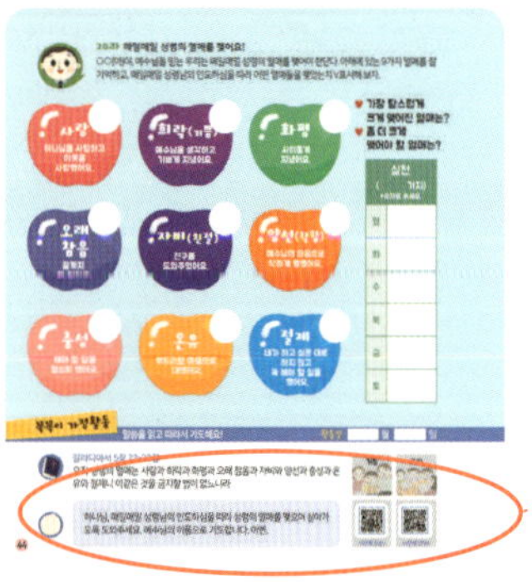

홈워크북에 있는 활동을 함께 하며 말씀을 기억해요.

말씀으로 축복하는 기도문

홈워크북 뒷면 하단에 있는 성경 말씀을 읽고 부모님을 따라서 기도해요.

6단원 찬양을 함께 불러요!

매일매일! 하나님 나라

1
4
3
6
7

9
예루살렘 교회
12
10
14
13

16

19

11

20

21

부활주일

22

종려주일

어버이주일

확인 스티커

실천 스티커

참 잘했어요
참 잘했어요
참 잘했어요
참 잘했어요
참 잘했어요
참 잘했어요
참 잘했어요
참 잘했어요
참 잘했어요
참 잘했어요
참 잘했어요
참 잘했어요
참 잘했어요
참 잘했어요
참 잘했어요
참 잘했어요
참 잘했어요
참 잘했어요
참 잘했어요
참 잘했어요
참 잘했어요
참 잘했어요
참 잘했어요
참 잘했어요
참 잘했어요
참 잘했어요
참 잘했어요

유치부 3과정·1학기 학생용

기획 | 총회교육개발원

총회교육개발원 원장 | 노영주

교육과정 | 김광열 김희석 김희자 신국원 유은희 이관직 조호형

공과집필 | 남기숙 강희선 김미영 박민영 소홍희 오현미
윤이나 이예림 이윤지 최 란 최정문 한용자

감수 | (교수) 강대훈 김광열 김대혁 김요섭 김희석 김희자 박윤만 유은희
(목회자) 송태근 강진상 권순웅 김한성 배만석

교정 | 송지수 **그림** | 최은민

표지·내지 디자인 | 지온커뮤니케이션

App 개발 | cubelean(한셈)

하나바이블

초판발행 | 2022년 11월 25일 **초판2쇄** | 2023년 11월 30일

편집 | 대한예수교장로회총회 교육개발원

제작 | 대한예수교장로회총회 출판부

출판국장 | 김귀분 **출판팀장** | 조미예 **마케팅팀장** | 김경환

발행 | 대한예수교장로회총회

주소 | 06177 서울시 강남구 영동대로 330

전화 | 02-559-5649(교육개발원) 559-5655-7(출판부)

팩스 | 02-559-8490(교육개발원) 6940-9384(출판부)

홈페이지 | www.총회교육.com www.holyonebook.com

제조국 | 대한민국

04230

9 791192 120638

ISBN 979-11-92120-63-8(04230)
979-11-92120-60-7(04230) 세트

값 9,000원